초록 칼날
a green blade

김노경 제4시집

시사랑음악사랑

QR코드 스마트폰으로 QR 코드를 스캔하면
       시노래, 시낭송을 감상할 수 있습니다

 제목 : 초록 칼날
시낭송 : 박영애

 제목 : 윤슬
시낭송 : 최명자

 제목 : 우리 집 남자
시낭송 : 조한직

 제목 : 밤새 울어대는 저녁
시낭송 : 장화순

 제목 : 멍울

영상은 YouTube 정책 또는 운영 관리에 따라 삭제될 수도 있습니다.

시인은 자연을 이야기하고 시낭송가는 자연을 품었다
글자는 날개를 달아 언어로 날고 소리는 자연에 눕는다

시인의 말

물먹은 달
옷자락 적셔놓고
그렇게 쉬이 가버리면

말 못 한 것들은
어찌해야 하나?
그래 시간을 붙들고

우는 것도 멋이겠지!

시인 김노경

1장 꽃花 35

초록 칼날 / 10
시간 덧칠 / 13
아름다움 향연 / 14
늙은 도시 / 15
신들의 칼 / 16
죽음의 미학 / 17
알몸 껍질 / 18
순백의 환생 / 19
용서 / 20
침묵 꾸러미 / 21
윤슬潾瑟 / 22
자식 / 23
끄적임 / 24
시루떡 / 25
나이 그림자 / 26
갈잎 우산 / 27
가슴팍 5·18 / 28
사내 / 29

하얀 심장 / 30
시선 / 31
아픈 나무 / 32
파도 / 33
창문 밖 시월 / 34
세상간 / 35
별빛 한 그릇 / 36
당신 / 37
삶의 시간표 / 38
여운 / 39
우리 집 남자 / 40
움켜쥐고 부둥켜안고 / 42
그 이름 순국 / 43
본심 세상 / 44
선禪 / 45
애상 / 46
숨결 / 47

2장 새鳥 31

멸망의 샘터 / 50
어둠 새벽 끝 / 51
신록의 초상 / 52
달 그릇 / 53
바람 나무 / 54
4월 심장 / 55
하루 / 56
눈물 앞에 앉아 / 57
함박꽃 멍울 / 58
마음 죽인 기도 / 59
외출 / 60
너라는 마음 / 61
꿈꾸다 죽은 상처 / 62
비밀 / 63
그 순간 / 64
손길 / 65

12월의 각혈 / 66
헛소리 / 67
갈색 창가 / 68
손님 / 69
시간 비상 / 70
밤새 울어대는 저녁 / 71
태극기 / 72
가식 허물 / 74
이유 / 75
인생 탁자 / 76
타인의 눈물 / 77
내 앞에선 목련화 / 78
쉬어가는 쉼 / 79
한 자루 붓 / 80
땅길 / 81

3장 쉼休 12

천天인人지地 삼부경 / 84
전쟁의 반란 / 86
생명 부활 / 88
야이 야이야 / 90
속상한 말 / 92
여자의 어머니 / 94
대지의 시작 / 96
각인 / 98
10월은 그렇다 / 99
파란 세상 / 100
상갓집 개 / 101
엄마가 운다 / 102

4장 색色 29

아내의 눈물 / 106
박제 인간 / 108
꽃 / 109
성난 상처 / 110
세상 밖 경계 / 111
초록 치마 / 112
상사목 / 113
달 항아리 / 114
빈 가슴 숨바꼭질 / 115
그리움 한번 / 116
멍울 / 117
생명의 입질 / 118
삼이어서 셋 / 119
여백 한 장 / 120
하루 밥그릇 / 121

독립기념관 앞 기념관 / 122
산이 울어 나도 운다 / 124
사랑 연가 / 125
속세 풍악風樂 / 126
하루 / 132
이별 같은 작별 / 133
영혼 도마 / 134
사랑 무게 / 136
꿈꾸는 지옥 / 137
화장하는 사랑 / 138
세상 문상 / 139
이른 새벽 분장질 / 140
아침 우체통 / 141
할머니 지갑 / 142

1장 꽃花 35

초록 칼날

조각난 가슴 누드
벗어놓은 허물로 세상을 덮고
세상은 하루를 마중한다
마중 길가에 마주한 오늘
초록 칼날에 베어진 건 아니겠지요

발걸음 아픈 여정
여린 가슴 상처로 우쭐대면
소리치는 지난날들뿐이지
그저 침묵의 여운뿐
오늘을 말하려 하지 않네요

아마도 사랑일 거예요
같은 자리 똑같은 시간으로
비련을 향해 호통치지만
들어주는 삶은 떠나고
가슴 시린 24시간

어쩌면
인생 자락 끝 모서리
신앙은 임종을 대신할 순 없겠지
그렇게 초록 칼날에 베인 상처
이고 지고 살아가면서

머리맡 잔기침 새벽을 깨우고
이른 아침은 저녁을 태워
잠 덜 깬 한숨 철학으로
망상은 유혹을 간음하고 사랑하며
허수아비 화장을 서두른다

하늘처럼 구름은 숨어들고
초록 심장을 향한 손가락질
바람에 날려 허우적거리면
주머니 속 혓바닥은
가슴 장단 심장을 두드리고

악몽을 떨구듯 웃어보지만
사랑이 뒤엉킨 사람
자유를 삼켜내고
죽음으로 묶어낸
위대한 삶의 노예일 뿐이겠지요

그럴 거예요
그 사람이 내 이름입니다
심장을 화장하고 분칠해서
하루 한 시간 그날들
속세를 지우고 있습니다

식어버린 사랑처럼
텅 빈 외로움을 껴안으면
쫓겨난 가슴 봉긋한 심장을 보려나
영혼 향기 집어삼킬 듯
서먹한 사이 발길만 멋쩍다

고독의 침상이여
칠성단은 울어대지만
생명 매듭 머뭇거리는 초록 칼날
또다시 만들어진 말
내일을 살아내는 것인가요

시간을 가로질러
무지의 생을 기다리며
멍한 시선으로 맞닥뜨린 울음
바늘 한 땀 폐 속을 찔러대는 그리움
초록 칼날 한올 춤사위이련가

제목 : 초록 칼날
시낭송 : 박영애
스마트폰으로 QR 코드를 스캔하면
시낭송을 감상할 수 있습니다

시간 덧칠

초록이 산에 취하고
별빛에 젖어 든
그림자를 쫓아가면

둥근 달처럼
낯선 어둠에 울어도 보고
아픈 유혹에 흔들리기도 하지

달은 차고 넘쳐나
천 길 시간 덧칠은 깊어져
산바람만 우쭐댄다

속세에 취한 가슴
화선지 먹물 텀벙거리면
향기 잊어버린 가슴만 적셔진다.

아름다움 향연

인생 절반
성난 웃음 속에 가려진
나를 아는 것이었지

미운 눈물에 가슴을 닫고
따스한 사랑을 만나면
질투는 서럽기만 하다

가슴 설렌 상처를 만나면
끝 사랑으로 살아남아
죽은 자의 문을 노크하고

실룩거리는 입술 문턱
안식을 전하고
소망을 찾아 나서야겠지

늙은 도시

그런 거야
가슴이 그렇고
심사는 더욱더 그렇지

회색 벽에 기대어
벗어남을 드러낸 채
아픈 눈물은 고맙기도 하지

봄을 향한 콘크리트
흩어지고 떨어지고
잊혀진 기억을 밟고 있어

늙은 도시는
꽃상여도 달리고
만장 소리로 울기도 하지

신들의 칼

술 취한 찌그러진 달
한숨 떨어지는 헛기침에 놀라
빈 가슴을 열어제끼고

내뱉는 한숨으로
칠성단에 안치된 가파른 숨결
혈맥을 타고 흘러들어

지옥 불을 욕하지만
신들이 집어삼킨 칼날
저승을 지켜내는 울음인걸

주인을 버린 칼끝
귀 고막을 묶어놓고
괴성 울음은 무심을 가로 벤다.

죽음의 미학

뒤따라온 속박
부질없이 그립기만 하고
머나먼 혼백 인연
미워진 외로움은 죽음의 미학

눈물 강이 넘쳐
시린 가슴을 만나면
암자 동자승 재롱처럼
철없는 업장 상처는 뜨거워지고

잘살았는지는 모르겠지만
기쁘게 살 수 있는 건 숙명이겠지
사는 것처럼 사랑하면서
가슴 벅찬 시간은 외면한 채

길 떠난 죽음 모두는
속세를 등진 영혼의 유혹
돌아온 고향집
꽃상여 그대뿐인 것을

알몸 껍질

알몸 껍질 골목길
마주친 그대 소리
거짓 변명한 가슴은 살아가고

휘날리는 가슴 깃발
세상 가득 독기를 휘날리며
속세 강을 건넌다

가슴 술잔에 취해
차가운 새벽 껍질을 벗어던지고
알몸을 기대면서

욕조 속 이브처럼
약속한 사랑은
알몸 비린내 알몸 껍질입니다

순백의 환생

죽은 숨결 이야기들
비린내 껍질을 벗겨
이별로 사랑을 입혀놓고

약속된 언약
향긋한 내음 숙명 환생
차갑게 몸을 움츠린다

상처는 세월만큼 기억하지만
비워낸 가슴만 깊어 져
찢어진 상처를 꿰매고 있다

환생을 날리는 바람개비
눈물 보자기로 눈을 가린 채
세상에 수청을 들 순 없다

나를 추켜세운 후회
아이처럼 희비죽 웃어대면
순백의 환생은 오늘이런가

용서

하얀 목련 흐드러지듯
부서진 가슴을 비비며
꽃잎 문풍지는 숨죽여 울어댔다

화병을 지나쳐
생명 고해성사 고백
밤새 토해낸 죄업을 덮어버렸다

움켜쥔 가슴 그 사람
눈 들어 끄적인 그 이름
저 사람 쫓아내는 길을 찾아냈다

침묵 꾸러미

가여운 침묵 뚝뚝 떨어져
외로움은 길을 떠날 수 없어
먼발치 허우적대는 추억일 뿐

댕기로 묶은 상사병
사랑 꾸러미 얼싸안고
버선발 침묵을 껴안아 보지만

멋쩍은 미소
침묵의 자리에 쪼그려 앉아
고독의 시련을 끄적이면

흩어진 한숨
시린 침묵 하나
주저앉아 눈을 감아버린다

윤슬 瀹瑟

나를 죽인 저녁처럼
밤새운 어둠들은 길을 잃어
비굴한 속내로
부끄러운 미소가 아침을 연다

새벽을 등에 지고
세상 떨어진 자리에
커피잔 차가움 죽이면서
시간 액자를 건다

바스락 옷 벗는 실루엣
별꽃 향기 불살라
한 방울 혈흔 붓질로
달빛 화장을 그려내는 중입니다

물비린내
달밤 구렁이 비늘처럼
영혼 껍질은 울어대고
눈동자 속에 그 사람이 산다

제목 : 윤슬
시낭송 : 최명자
스마트폰으로 QR 코드를 스캔하면
시낭송을 감상할 수 있습니다

자식

빛바랜 태양 뒤편에서
시간 불상을 앞세우고
두손 모은 외로운 영혼 기도

자식이란다
자식이어서
대문 마중 짓무른 눈가

당신
남몰래 가슴 잃어버리고
사랑 불만 밝힙니다

끄적임

보이는 게 볼 수가 없어

하나의 그것
숨 쉬는 가슴이 그리움이었어

하나 끄적임
가득 찬 너뿐이었어

시루떡

심장을 박제하여
영생을 포장하고
마음을 걸쳐 놓은 하늘 산마루

찢어진 태양
흐느낌은 일렁거려
시루떡 생명만 꿈틀댄다

지쳐간 신음들은
아기 울음 짓으로 헉헉대고
애간장 태운 절규로 세상을 연다

설익은 불길의 시루떡
쟁반에 받쳐 들어
또 다른 칠성단 문을 열어젖힌다

나이 그림자

새벽 한숨을 불러놓은 채
사내 그림자 기침하더니
꽉 채운 나이로 현실에 붙들려

흩어진 시절
세상 미련 조각 쓰레기
철 이른 미움이려나

어설픈 손길은
푸근해지는 그리움인데
주인 잃은 외로움만 설쳐댄다

팔려 간 시간 덩어리
연민의 상자에 못을 박고
나이 냄새로 흥얼댄다

하늘을 바로 세워
우뚝 세운 너털웃음
내 앞에선 나이 살풀이를 한다

영원한 심장의 번뇌
간절한 눈물의 향수
삶의 꽃들은 나이를 뒤집어쓰고 만발한다

갈잎 우산

커피를 홀짝거리면서
한밤중 시간을 더듬다가
하루가 보이면 죽은 시늉을 한다

빗 사이 갈잎 우산 하나
저녁 비는 장화를 신고
길 건너 둥구나무 앞에 서 있다

비 맞은 고양이 울음
그렁그렁거리면서
숨겨 논 발톱은 저녁 비를 할퀸다

햇살을 죽인 갈잎 우산
신경질 돋은 아침은
스물스물 기어 나오는 뱀 혓바닥을 닮았다

가슴팍 5·18

5월 가슴팍을 찢어
절규를 끄집어냈다
한 움큼 각혈로 나를 내다 버렸다

이 정도면 될까
무게를 달고
깃발로 도려낸 흔적을 분배한다

뒷간 속삭임
새 나간 흔적을 틀어막고
벗겨진 진실만 자리를 지킨다

언제 까지려나 5.18
밤새 울고 둥지는 찢어지고
새파란 절규만 헐떡거린다

사내

찬바람을 죽인 사내
엎질러진 커피색을 따라
가슴 문을 열어놓는디

저기 가을을 사랑하나요?

움츠린 몸짓
따스한 비린내
더 뜨거워진 향기로 궁금해하면

한 움큼 갈색 사연처럼 좋아하나요?

미련을 켜켜이 쌓아
발가벗겨진 거짓으로
사내는 답한다.

하얀 심장

힘들어 튕겨진 가슴팍 탄성
구속을 가로질러
시절 앞에 흩어지면

낙숫물 머리맡에
겁먹은 얼굴은
눈물길을 배웅하지

벗어던진 심장은
구속 구렁텅이 마당 밭에서
여전히 속내를 태우고 있다

햇살을 집어삼키고
상처는 팔아먹고
하얀 심장 터지듯 가슴이 넘쳐난다

시선

낙엽 화선지 위에
빨간 고추가 그려낸 저 하늘
울긋불긋 설렘이 걸려있었지

오색빛 무지개 꼬리
연정의 약속 엉덩이처럼
붉은 가슴 춤추는 향연은 살랑거리고

노을빛 단풍잎을 찢어
파란 별빛 그리움으로
푸른 잎새 흙바닥을 채우고프다

고독은 멍들어
퇴색한 낙엽 머리 위에 이고
하늘 담장 구속만 시선 속에 머문다

아픈 나무

이방인으로 기댄 채
서로가 길들어져
멀어지는 사랑을 등지는 사람들

해진 가슴을 덮고
숨 쉬는 이야기로
마음을 읽어주는 비상이지

아픈 나무 뒷모습
시간을 잃어버리고 빼앗겨서
설 수 없어 떠나는 회상

삶을 위한 발길이었지
외로움을 갉아먹는 아픈 나무
생명수를 채워주소서

해진 가슴 추슬러
흩어진 시절 덮어놓고
세상을 읽어주는 독백이겠지

파도

사납게 신음하는 파도
부서지는 난파선

가슴 비닐을 벗겨내고
물보라에 짓이겨

등대 외침으로
외마디 심장 불 밝히고

태양은 떨어져
파도 가득 상념만 떠오른다

창문 밖 시월

앞다툰 시월이 내달리는 소리
창문 밖 계절이 시끄러워지면
긴소매 단추를 잠그고

붉어서 부끄러운 시간
떨리는 손짓으로
눈물 훔친 고독이여 웃어보렴

때론 가엽게
어떤 날은 슬프게
수줍은 그리움처럼 말이에요

창문 밖 시월 저녁이 내려서면
봄빛 설렘 뭉치로
여린 그리움은 커져만 갑니다.

세상간

인생을 달궈
사람을 두드려대는 세상간
죽음을 창조해 낸다

거짓 박자 소리에
취한 젓가락질
넘치는 술잔 속에 해롱대면

세상간을 어지럽힌 이름들
역사 명부에 새겨진 그 죽음
최고형이 최고로 선고되겠지

그 DNA 종자
발아할 수 없는 역사
그렇게 멸종되겠지

세상간 망치 소리
희망을 달구고
그렇게 시간을 불지르고 다듬질한다

별빛 한 그릇

먹지 위에 지난날을 베끼면
큰일 난 것처럼
달빛 심장 소리 호들갑이다

추억 단추를 채워놓고
무심한 하루는 헐떡거려
슬픈 상처만 씩씩댄다

별빛 한 그릇 담아
하루 시간 넘쳐나면
기억만큼 일상은 산다

당신

그대 초대하고
당신을 보면
철렁대는 가슴

심장 불은 피어나
연정을 태워
너를 밝힌다

붉은 맹세
홍실 언약
영혼의 주인을 마중하고

당신을 본다
너는 나를 보면
너처럼 나를 찾아낸다

삶의 시간표

모래시계는 사막을 쫓아내고
밤하늘은 별빛을 훔쳐
삶의 향연을 엿본다

꽃잎은 계절을 알겠지
소리친 약속
지키지 못한 삶의 시간표처럼

네모난 대로
세모나게
삶의 모양대로 시간표가 된다

여운

넘쳐나는 사랑
그건 잡을 수 없어 넘치는 거야
어리석은 여운처럼

편지를 쓰고
물어보고 또 답하고
받을 수 없는 사람을 위해

뒤돌아본 편지 사연
지난날이 서성거려
오늘날 흔적을 벗어대면

앞다툰 여운들은
여기저기 거짓을 닮았다
가슴만 껴안은 사람처럼 말이다

우리 집 남자

서투른 몸짓 혼잣말처럼
사랑 껍질을 주워 담고
메마른 가슴 마주치면

듣는 이를 잃어버려
애타게 시간을 불태우고
차가운 미소로 웃어준 아쉬움이어서

봄처럼 다가서더니
머무른 겨울을 뒤돌아보게 하지만
계절은 나를 버리려 합니다

우리 집 남자 세상 깨우는 소리로
하루 초상을 그려내고
아련한 상처로 기다리면

기억은 흩어져
시간 흔적을 지우려
입가 미소를 지워낸 눈물 소리

슬픈 눈망울처럼
고독을 이고 지고
나 같은 사연들이 울먹인다

사랑은 왜
마음을 지나쳐 오가는 걸까
무심한 계절 때문일까요

오늘은 가슴을 마주하고프다
침묵도 좋고 한숨 소리도 좋다
내일은 그리움일 테니까

제목 : 우리 집 남자
시낭송 : 조한직
스마트폰으로 QR 코드를 스캔하면
시낭송을 감상할 수 있습니다

움켜쥐고 부둥켜안고

탐하는 삶은 태어나
거짓 생명을 지켜내고
주위 담아야 사는 현실을 택했다

움켜쥐고 부둥켜안으면
생명 꽃을 피우고 향기를 떨치듯
찬바람은 세상을 놓고 갈려나

축복들은 떠나는 시간을 위해
슬픈 눈물로 속풀이 하면서
영생길로 눈짓한다

오늘 밖으로 벗어난 길
상처를 닮은 거짓과 증오
아름다운 몸부림을 만난다

숨 쉼을 버릴 순 없다
아픈 상처로 얼룩진 시절
때론 사랑을 껴안고 싶어

그 이름 순국

얼룩진 눈물로 웃어주는 임
돌아 앞서 보낸 희생
걸터앉은 시간들이여

그 임 흰 국화 되어
뒷자리 바라볼 땐
못다 한 말들만 하얗게 날린다

지울 수 없는 순국
지나친 눈물 속에서
지울 수 있을까

그리운 사랑 되어
기억 저편 오늘
목소리만 찾아오는 자유

그 이름 흰 국화
세상 밖과 이별하고
심장이 멈추어버린 그날

마주할 수 없는 임
평화를 뱉어내고
몰아쉬는 한숨이 시리다

본심 세상

어둠은 창문을 부순 채
세상은 행동을 박차고 일어서
아침을 나선다

본심으로 가는 길
나만 모르는 세상
달빛 홀로 두려운가 보다

본심이 두렵지만
생각은 나중에 하자
아는 것은 아픈 상처이니까

선禪

지난날들을 고문한 채
머무르고 떠남을 기록하여
일렁이는 바람을 따라나선다

엎질러진 구속 또아리를 틀어
함박 눈물로 토해낸 강산
한평생 삶을 순산했지

생명 찬미는 진토 되어
선禪은 쭈뼛대고
흥건한 눈물이 울음을 삼켜낸다

자비를 벗어놓은 대지
하루하루 풀어헤쳐
선禪의 생채기로 다가선다

애상

도망친 시간 부둥켜안고
한낮 별빛처럼 웃어대면
사랑을 쫓아갈 수 있으려나

너울 너울 꽃잎 나비 되어
배웅을 뒤돌아 세우고
초록빛 애상 길 날아간다

애상
내가 머문 이 자리는 어디일까
떠난 시절에게 물어본다

숨결

짓눌린 몸부림
춤사위 불질러 불사르고

꿈길
사랑 길이면

그래
유토피아이지

삶 같은 자비
숨겨진 숨결을 들여다본다

48

2장 새鳥 31

멸망의 샘터

멸망을 선물하고
달아나지 않는 내일을 버려둔 채
광란의 죽음을 고했지
잠들어 깨어날 수 없는 죄와 벌
모래알만큼 생명 부스러기
역사의 무덤 위에 서 있다

들켜버린 시간 찌꺼기
벗어날 수 없는 시작과 끝
끝을 끄집어내어 시작한다

새 하늘 천지
끝을 묻어버린 불모대지
태초의 시작으로 선악은 울어댔다

노여움의 눈물로 대신한 용트림
솟구친 분노의 용솟음
소리와 형상을 지워버린 대지
눈먼 욕망 정적의 고요
시간을 잠재운 숲과 생명
멸망의 샘터만 살아 있다
역사여 애쓰지 마라
이미 멸한 심장이어서

찾으려한들 형상은 무상이려니

어둠 새벽 끝

수면 위를 박차 떠오르는 새벽
그 누구가 소리치나
슬픔도 아닌 변명 쓰레기

새벽 끝 텅 빈 미소
남은 여운
성황당 향불을 불살라

침묵처럼 돌아서면
저 멀리 거짓말을 삼킨 눈물
고독 나팔 소리 발길을 재촉한다

아니라 하면서
이별의 만남을 모르는 너 이어서
그 자리를 찾은 이유겠지

하루 한밤
기나긴 꿈들을 깨우면
새벽 끝은 언제이려나

신록의 초상

쌓이고 쌓인 가슴을 밟고서

높이 날아간 초상
멀리멀리 슬퍼진 신록 냄새

비 오는 여운 그리움을 채우면

4월 수채화
너는 사랑 앙탈이겠지

달 그릇

별 삼킨 달 항아리
물 긷는 심성을 채우고
하늘 달 속에 새하얀 그릇이 산다

가슴골
새벽 문턱을 열어젖히고
달밤 무지개 마중 가야지

어둠이 한 몸처럼
시간을 끌어안고
담을 수 없어 그릇을 깼다

그렇지
담지 말고 보면 되는 것을
채우려 했던 빈 그릇만 덧없다

바람 나무

새침데기 나무 바람에 업혀
앙칼진 숨소리로 잊히는 시간

숨죽인 사람
초록 외침을 벗겨내고

움츠러든 미소
나만의 세월 걸음

나한상 당신의 향기로
바람 나무가 숨을 쉰다.

4월 심장

사월 심장 날뛰더니
진통을 시작하고

초록 대지 용트림
탈이 났나 보다

흩날리는 합장 염원
애꿎은 가슴만 질퍽여 놓고

조급한 외출 달랠 길 없어요
4월 같은 너 말이다

하루

어둠 속에 숨어
하룻길 울음을 가로채

꽃길을 꼬드겨
유혹 냄새를 선물해야지

아픈 겨울
뒷모습은 마른 가지에 걸린 채

삶의 끈적임들만
하루 길을 걸어간다

눈물 앞에 앉아

가슴 깨진 눈물 앞에 앉아
고독이 넘치는 거리를 삼켜볼까

일그러진 잔상
텅 빈 바람 앞에 서성거려

희미해진 숨결 파편
스며 나온 눈물 앞에서

너를 닮은
고운 미소를 본다

함박꽃 멍울

젖살 저고리
치마끈으로 동여맨 꽃 봄을 만나
헤벌쭉 노랗게 웃어댑니다

붉은 입술 더덩실
시퍼렇게 멍들고
헐떡이는 심장은 놀라

사랑 한 봉오리
정녕 모른척하는 함박꽃 멍울
슬픈 웃음을 닮았네요

설익은 그날도 그렇고
지금도 그렇습니다
쉿、사랑 생채기인가 봅니다

마음 죽인 기도

그믐날 낮달을 꼬드겨
한 갈래 미움을 쏟아내던 날
장마처럼 눈물을 쓸어안았다

끝 봄을 죽인 아지랑이
고독을 매단 초상 행렬은 바쁘고
곡소리 발길을 잃었나 보다

빈 껍질로 태워지는
몸서리치는 몸짓에
가엾은 기도만 휘둥그레진다

꽃비 날리는 장터
마음 죽인 기도 마주치면
나설 수 없는 문이 열리고 있다

외출

사랑 출타 길을 나서면
초승달 숨결 삐죽이고
찬바람 소리는 훌쩍인다

심장 소리 사진 걸어 놓고
성황당에 들러
헐떡이는 숨결을 붙들면

팔자 같은 인연으로
천 길 떠밀려 가다가
뛰는 심장수만큼 상처를 마주한다

홀로 저녁을 매달고
외로움처럼 타들어 간 숨결
늦은 10월 사랑 외출을 나선다

너라는 마음

버려진 마음을 주워 들어
너라고 하면
그 길은 바람길이었어

찢어진 날개 퍼덕이면
날 수 없는 허공을 휘젓고
마음이 소리치는 너였거늘

시간을 태운 어둠은 빛이었고
깨어있음은
마음을 마주칠 때 뿐이었지

꿈꾸다 죽은 상처

먼 산 하나 메어 들고
깨어난 새벽 곁에 서서
꿈을 물어보았지

악 소리에 역겨워
꿈꾸다 죽은 상처
눈먼 가슴들은 기억할까

어김없이 그날을 욕해대고
안녕이라는 미움 속에
빈 껍질만 웅크리고 앉아

빈 몸뚱어리
빈 액자를 봉안해 놓고
죽음 되어 비밀만 살아있다

비밀

비밀 하나 책장 속에 진열하고
숨겨진 장소 키를 채우고
미친 듯 열어제낀다

속삭이는 비밀
비밀은 시커먼 독이 되어
노랑꽃 나비춤을 죽인다

저주 터널을 지나쳐
빗방울 숫자만큼
육신의 넋들은 넘쳐난다

비밀을 잃어버린 기억들
하루 비밀 흔적만
무너진 가슴 벽을 쌓고 있다

그 순간

눈물은 소낙비를 맞고
울고 싶은데
춘삼월이 먼저란다

기다림에 취해
봄을 삼켜 가슴을 씻어낸 나날들
그 순간도 있었지

만개한 설렘
청초한 봄 매무새
너에 가둔 한숨을 뱉을 수 없다

춘삼월 잊고 싶다 한들
도드라진 입술
흐트러진 심사뿐인 것을

잠시만 같이해요
하얗게 만개한 사랑
춘삼월 봇물 터지듯 함께해요

손길

사그락 한 겹 비단
하룻밤 사이

무심한 심장은 벗겨져
눈길을 밀쳐낸 채

한 줌 가슴 기억하더니
다듬잇돌 메아리로 숨어버렸다

꿈을 끌어안은 영혼
언제쯤이면 그 세상을 만나려나

12월의 각혈

갈라진 입술
가슴을 벗은 태양은 춥다

에헤야
찢어진 가슴 한 올 한 올

시간은 흘러내려
하얀 잿빛 사그라진다

붉은 어둠
지난날 12월 각혈을 토해낸다.

헛소리

시절 한복판
목마른 가슴

시간 솟대 바다의 끝은
허탈한 웃음

귀신 문고리 움켜쥐듯
이별 꽃이 피어나고 있어

심장 죽이기는 시작되고
헛소리만 웅성거린다

갈색 창가

낙엽을 걸쳐 입고
갈색추억 들춰내고
죽었던 한숨
빈 의자에 앉혀볼까

입춘을 매달은 가로등
불 꺼진 줄도 모르나 보다
돌아올 탕자처럼
낙엽 밟는 신음소리만 요란하다

갈색 창가 깨진 유리창
애기 입술 칼날을 물고
철 지난 시간들은
창문을 걸어 잠군다

질주하던 시간은 탈선하고
빈 가슴 추락으로
속살 가슴 덜렁덜렁 매단 채
왔던 길을 가는 것처럼 떠난다

손님

백 년을 놓고 가더니
나 몰라라 외면한 채
창틀 거미줄만 심란스럽다

세월 버리고 떠난 길
뒤돌아보는 건 왜인지
미련일 거야

말하려 하면
마음이 식식거려
빈 곳간처럼 심장은 허하다

그래도 괜찮아했는데
섬섬옥수 집어 들면서
또 눈물은 어인 일인가

시간 비상

마주친 심장이 섬뜩거려
울음은 가슴을 질퍽거려

자리를 떠난 나그네
여우처럼 달아났다

기억을 챙겨 뒤돌아서면
해 맑은 하늘만 따라다닌다

밤새 울어대는 저녁

찔레꽃 향기 마주할 때면
무덤가 내 심장은
밤새 울어대니 어찌하오

저녁을 묻어
초록 이불을 덮어도
오금 시린 그리움은 어이하오

왜 몰랐을까요
해진 적삼 하소연을요
그 사랑을 어찌하면 좋을까요

눈물은 무슨 눈물
하루하루 사무침이겠지
가슴만 쥐어짜는 후회겠지요

하얀 밤 저녁을 지새워
꿈을 만나러 가는 길
남몰래 그립고 서럽기만 합니다

이맘때쯤이면 이별도 아닌데
만남의 그곳이 이렇게 먼 길인 줄
오늘 하루가 야속하기만 합니다

제목 : 밤새 울어대는 저녁
시낭송 : 장화순
스마트폰으로 QR 코드를 스캔하면
시낭송을 감상할 수 있습니다

태극기

이제는 부끄러워서
나라가 없는 임을
나만의 태극기를 볼 수가 없다

총칼을 이긴 임
죽음으로 맞바꾼 조국
영혼 삶을 살린 태극기였지

영혼의 국가여
민족의 나라여
또다시 죽음의 자유를 원하는가

전쟁의 비극을 칭송하고
피 흘린 넋들의 자유를 왜곡하는
너희들은 누구인가?

홀연히 일어나
천상 자유 투사들이 죄를 물어
하늘의 천벌이 두렵지 아니한가?

짓밟힌 태극기
시체를 넘는 여의도 사형장
묘비를 나는 까마귀 그대들이다

자유와 평화
위대한 정의와 희생
태극기는 만천하에 분노한다

가식 허물

곤충핀으로 꽃잎을 꽂아
향기를 만들고
색상으로 날개를 포장했다

가녀린 손목이 퍼런 실핏줄
팔딱거리는 피래미 아가미
작열하는 태양의 몸부림 아닌가

말을 섞어
생각을 불지르고
시간 상처들을 끄집어낸다

숨 멎는 가식
하늘 위에 손을 포개면
양심 떨어지는 허물만 춤을 춘다

이유

알 수 없는 내일
변명을 뽐낸 눈물들은
이유를 찢어대기 시작한다

상처로 얼룩진 이유
미소로 닦아내고 지워내지만
지워진 이유는 모른다

죽음에 속아
이유를 알았을 뿐
숨 쉬는 하루는 폐허가 되고

삶의 침묵은 넘쳐나
혼미한 흔적으로 치유되면
당당한 자유들을 마주하겠지

인생 탁자

온종일 중간쯤
남 주기는 아까운 삶
오늘이 부대끼는 소리가 펄럭인다

마른 가슴 바스락거리면
깨진 술잔 미움은 넘쳐나
무정한 시절만 나뒹굴고 있다

다리 부러진 빈 의자
인생 탁자에 몸을 기대면
비린내 상처만 팔려나간다

취한 가슴 요동쳐
애달픈 눈물 골패인 흔적 사이로
인생 탁자만 살이 있다

타인의 눈물

짓밟힌 고독 더미
황량한 가슴은 죽어나고
만상은 다시 파랗다

타인의 눈물처럼
돌아서는 현실들은
깨진 술잔 취함을 마신다

하지만
모르겠어요
왜 오늘이 아픈지

저만치 가슴은 달아나고
옛날이 비워진 자리
당장 메울 수 없는 공백이겠지

내 앞에선 목련화

하얀 달 무심을 갉아먹더니
한 올 바람을 뒤집어쓰고
흩어지는 헛소리

하늘을 벗어던진 임이여
끈적이는 숙명을 벗겨내고
기나긴 침묵이겠지

너 같은 청초함으로
가슴 목 조르는 핏발은
멍한 심장을 두드려 깨운다

정령 내 이름이던가
나는 없고 아련한 그리움처럼
내 앞에선 목련화야

쉬어가는 쉼

오랜 시간
한 시절 무대 안과 밖
살아낸 Art
공간들은 삶이었지

나를 홀딱 벗겨
눈먼 장님처럼 더듬더듬
내팽겨진 속내들이
쉬어가는 삶들에게 욕을 한다

세상 외면하듯
메아리도 듣지 않는 소리
도망치는 시간들을 주워 모아
약속 반지를 끼워야겠다

하루는
또 하루는 두근대고
그렇게도
살아가는 날은 시작점에 서 있다

한 자루 붓

먹물이여
고요를 올라타고
나비 너울 짓으로 유혹하면

저만치 산이 있어
물 흐르면
이어지는 대지는 황홀해

사람 인기척 소리에
세상은 찾아 들어
자유는 흩어지고

벗겨진 가슴은
한 자루 붓의 길숲을 치달아
가파른 생명 길을 내달린다

땅길

이렇게 저렇게 땅길이 열려도
사람을 담을 그릇이 없다
소리를 들을 길이 없어

입으로 쪼개고
입술로 매듭을 지어도
걸을 수 없는 시절뿐이다

낮과 밤이 바뀌어도
시간은 넓이를 잴 수 없어
땅길은 깊이를 알 수가 없다

땅 냄새에 취한 채
속살을 드러내놓고
현실을 옥죄는 하소연뿐이다

3장 쉼休 12

천天인人지地 삼부경

현세는 시린 고독이 전부다

침묵과 묵언의 제자리
원칙을 위한 질서 고리처럼
삶을 위한 사람 생명 말이다

영위되는 숙명의 빈자리
존재를 떠벌리면
만들어진 운명 그것이 이치 아닌가?

벗어남은 벗어남을 주지 않는다
생명의 죽음은 구성의 한 점일 뿐
지배하는 시간 구속 말이다

수數의 생명
산山으로 태어나고
물水 소리로 영위한다

수水로 만들어진 진리
산山의 범주에서 벗어날 수 없는 자유
영생의 원천 물의 꿈을 꾼다

내 것이 없는 당위성
받은 것을 가질 수 없는 무지
놓아야 하는 이치 천天인人지地
삼부경이다

산으로 태어난 울음소리
이것뿐인 것을
흙의 본질은 대지에 되돌린다

망각을 올라탄 삶의 본질은
수와 숫자의 합체
죽음의 태동은 내 것일 수 없다

가슴을 먹는 사랑 소리
아프게 그리움을 태워
도려낸 심장 자국

고독한 길을 내주고
순정을 마중하면
삼부경만 존재한다

천天인人지地 삼부경
하늘 대지 사람 조화를 위한 1, 2, 3, 0
이렇게 되풀이되는 창생 아닌가?

그것을 알까
대지의 빈자리 고독 같은 비련
눈물로 웃어야 살고 눈물로 죽겠지

전쟁의 반란

회색 도시 구석진 자리
죽음 꽃 무더기
살아내는 것이 자유이련가

죽어간 영혼의 함성에 갇혀
창문을 열고 들어온 전쟁
선홍빛 얼 크리스마스트리인가?

각본 없는 눈물의 이별
시작도 끝이 없는 연속
전쟁의 그림자는 죽었다

자유
찢어진 희망을 펄럭이지만
버려진 죽음을 부추기고
파괴는 전쟁을 찬미한다

오만의 망토 자유여
전쟁은 감옥으로 죽어
생전 유품들만 제자리를 찾는다

그것을 왜 알았을까?
전쟁의 그림자 초상집 자유를
희망을 토해내는 아침 행복

볼 비비는 아이의 웃음은
배고픈 칭얼거림처럼 기어다니고
암울한 내일만 춤을 추어댄다

멈추어선 죽음의 진혼곡
숙명의 지휘봉 끝
총성은 속삭이는 유혹일 뿐

죽음을 사고파는 혓바닥
음란한 장사
후대 장삿거리 그것이 아닌가?

고통을 삼킨 상처로 얼룩진 훈장
훗날 그날의 모든 것들
죽어간 죽음들의 기억뿐이다

행복은 눈물을 원하지 않는다
파괴는 사랑을 주지 않는다
생명은 자비를 모르는 체한다

모진 목숨을 내려놓고
매국노 양심을 불태우면
역사 한 페이지 역겨울 뿐이다

전쟁은 제 몫을 다하고
하늘에 걸친 크리스마스트리
죽음을 매달고 영혼을 장식하려 준비중이다

생명 부활

한없이 목 놓아 울었던 사랑
눈물은 말이 되어
기쁨을 찾아내려 들고

묶음으로 이어진 매듭
말로서 풀어질 수 없어
하얀 꿈 한지로 움켜쥐고

칠성판에 누워 옷고름 풀면
죽고 사는 것은 둘이 아닌가 보다
생명의 죽음은 집에 있는 것이지

기억 저편
메마른 기침 새벽을 깨우면
입가에 맴도는 웃음을 보겠지

내림굿처럼 정을 받고
기나긴 시간을 울어대면
순정의 부활이 찾아들 거야

행복은 소망으로 피어나고
불행들은 믿음으로 치유되어
미움을 벗어나는 뜀박질이다

연민의 책장 소리
짊어진 삶의 무게로
생명 부활 주문을 외워볼까?

야이 야이야

잊지 못할 새아기 넋두리인 것을
천국 길 시어머니 사랑 소리로
나를 부르시는 당신의 소리다

어쩌다 머나먼 길
마음에 차지 않아서 그랬을까
아니 너무나 사랑해서 그랬지!

눈물 꽃길에서 마주했던 말
당신 가슴이 외치던 말
야이 야~이 그것은 사랑 그리움

이제는 아프다
곁에서 할 수 없는 하루
두근거리는 심장은 그 순간일 뿐

똑같은 시간이지만
오늘 이맘때쯤이면 아파진다
그런 말 그 소리가

새아기를 사랑하는 속내
다시 느낄 수 없는 사랑
또다시 그 소리를 들을 수 있을까요

새아기를 사랑했던 말
꽃상여 길에서 소리치는 그 소리
야이·야이야

눈물을 훔치고 아픈 나를 껴안고
와닿는 그리움을 삼키며
그렇게 그 길을 따라왔다.

* 새아기(김노경 시인 새색시)

속상한 말

연극 같은 삶들은
세상을 길들이기 위한
자가 발전소를 가동해야 한다

이미 태어난 생명들은
무관심 속 원동력으로
지쳐가는 여정을 멈출 수 없어

자아 성찰을 껴안고
상처 같은 구속을 위한
하얀 메스 칼 놀림은 시작되었다

숨겨진 미소
미안한 눈물 목걸이 무게로
핏발 선 목을 옥죄며

새벽녘 영혼의 언덕
헤어진 상처처럼
멀어진 숙명을 그리워한다

떠돌다 멈춘 발길 이여
예정된 죽음길을 빛나게 하여
자가 발전소 스위치를 켜볼까?

나만의 속상한 이야기
벅찬 가슴으로
자유를 태워 위로의 등불을 밝힌다

화사한 웃음을 삼키고
꽃잎 떨치는 희망의 여정
그중 하나는 나의 이야기 아닐까?

여자의 어머니

수평선으로 해가 숨어들던 날
힘들고 낯선 추억들
기나긴 시절 깊은 우물처럼
갑자기 하루를 만났지

가여운 숨소리는
울고 간 성황당을 지나친 채
끝 모를 미련
그 사람만 모르시나 보다

계절이 주는 선물
사랑이 쏟아져 내리던 날
볼 수 없는 상처로
멈출 것 같은 뒤늦은 여정

아픈 알몸 움켜쥐고
울먹이던 여자의 어머니
지친 눈물은 나를 위로하지만
빈 몸뚱아리만 버둥거린다

멈추어 버린 시절
돌아선 뒷모습
상념은 가슴을 넘나들어
여자인 어머니를 불러본다

고운 미소 가슴 열어
언약을 꺼내어 들고
임을 찾아 나선길
분홍 꽃 눈물인들 어쩌랴

세상 한가운데서 마주친
여자의 어머니
예술이며 인생의 눈물인 것을
이젠 사랑을 보고 싶다

아직도 혼자인 순간에서
간직하고픈 머무름들
뒷산 햇살 가득 찬 어머니는
고운 미소 여인인 것을

대지의 시작

구름 달에 숨어 들어
소나무 번뇌로
불로초 영생을 놀래키고
생명을 훔친 숫자
무지 칼날을 쪼아내면

변명을 핑계 삼아
인연을 확인하려 들고
시린 손 벙어리장갑으로
죄업을 대신한 심장들이여
죽음은 잔솔가지 끝 바람일 뿐

형상을 죽이고
고통 외로움들은
아픔을 앞세워 상처를 즐기면서
이별의 시간 고독을 초대하여
사랑처럼 자유를 사들인다

물상은 삶의 여정일 뿐
해를 삼킨 슬픔은 심장
산 같은 용혈
물비린내 같은 영혼
돌들의 무덤 구속을 짓누르고

영생 같은 잔기침을 뱉어대면
시간 속 무덤은 훌쩍이고
조화를 꿈꾸며
순리 같은 바람 소리를 보라
자유를 불러 세운 이치만 죽는다

헐떡거리는 심장
오욕에 쌓인 미움 덩어리
속세들이 펼치는 나래 위에
번뇌를 포장하여
우체통에 집어넣는다

의·식·주
듣고 답하라 하지만
대지의 시작은 우쭐대고
칭얼대는 눈물 사연처럼
죽인 생명들은 삶을 죽게 한다.

각인

유혹에 취한 가슴을 태워
영혼이 넘나드는 구멍을 본다
읽지 않고 보는 이유이다

웃고 울고
주워 담을 수 없는 말대꾸
세상을 훔친 몸부림

책으로 적어내고
은밀한 약속처럼
벌거벗은 숨소리를 보는 것이다

각인
공허와 허탈은 자맥질하고
세상 공간을 각인하는 것이겠지

10월은 그렇다

발길 걸려 넘어진 갈색 그리움
10월 시절은 놀라
숨찬 이별은 울먹거린다

고독이 피어나면
휘휘 바람 나뭇가지 새 나가고
불타듯 갈잎 냄새가 탄다

이맘때쯤 흔적들은
길 잃은 아이처럼 목 놓아 울고
엄마 찾은 눈물을 주워 담고

죽은 자유는 실려 나가지만
알 수 없는 시간들은 웃어대고
기억 저편 그것은 10월이었다

먼발치 그리움이여
그렇게 기다려도
모른 척 무심한 시간일 뿐

그 시절은 그렇다
숨이 가빠 올라
심장은 열려 덜컹거리는 소리였다

파란 세상

천둥번개를 기어올라
초록 물감으로 그려낸
세상 그림 한 장

빗소리 가득하더니
망부석 흐느낌으로
처마 끝 빗방울만 욕해대고 있다

세상을 훔친 변명
연정으로 감옥을 화장하고
가슴을 뱉어내야지

파란 세상
파란 꿈은 내일
희망을 삼킨 얼굴이 파랗다

상갓집 개

사람의 가식을 만나려거든
정치의 혓바닥 장단을 보라
그 잔치에 상갓집 개도 보리라

인간이 힘들어 힘을 구하려거든
베인 상처를 아물게 하려거든
정치인의 뒷모습을 보라

인간의 가식 거짓 비굴함을 찾거든
정치 역사 쓰레기 무덤
정치의 인두겁을 그려내면 된다

살아있는 세상
살아낼 수 있는 현실
나를 비워낼 수 있는 정치쓰레기장

내가 고용한 정치
대가처럼 현란한 꼭두각시들
사용기간 채우면 버려지는 쓰레기

오늘의 나를 세워준
흔들림 없는 자아실현을 위한
그들이 있어 다행스러운 일이다.

엄마가 운다

맨바닥 외로운 길처럼
하얗게 닳아버린
당신 같은 시절

목멘 입술을 깨물고
멍든 자국을 지우려 해도
그 곁을 떠날 수 없네요

길가 찔레꽃 피어날 때
갈라진 손끝 피 맺히듯
어머니 곡소리는 끝을 모른다

손톱달처럼 꽃잎 질 때
오신 길 갈 길 잃어
목 놓아 엄마가 운다

헝클어진 마음을 달래도
감당 못 할 힘겨움에 치여
마음을 붙들고 아프게 운다

설렘 새벽녘 보채는 아이
철모르고 환하게 웃을 때도
어깨너머로 울었지

엄마의 인생 귀퉁이
사랑 모서리 엄마 꽃
그리움처럼 피어났습니다

사랑을 껴안고 상처를 덮어주듯
엄마처럼 비가 오고 눈이 내리면
난 언제라도 눈과 비를 맞는다

4장 색色 29

아내의 눈물

하나둘셋
또 하나의 아픔으로
돌발적인 시간을 마주했습니다

말들은 웃어대지만
흐르는 눈물은 피를 멈추게 하고
가슴 이야기는 속절없습니다

가슴을 태운 속앓이로
밤을 지새우고
멍울진 사랑에 갇힌 아비를 보내고

흰 국화
향불 향기 앞세우고 시린 사랑
보내드립니다

아비였고
지킴이였던 당신을 보내는
사랑의 눈물
눈을 들어
아픈 가슴 한숨으로 잠재우고
흐느끼는 아내의 눈물
사랑 그리움
지난날에
시절을 지나쳐
언제쯤 고운 미소 꽃을 피울까요
속절없이 휑한 가슴
사랑 이별은 그런 거라고
언제쯤 말할 수 있을까요
기다리고
염려하고
그저 바라보면 될까요
내 사랑이여
하여 인생길처럼 묻어두고
그리운 연정이었으면 합니다

*25년 5월 5일
  사랑하는 아내 아비의 꽃상여길

박제 인간

휘영청 달은 빛나서
흥얼흥얼 장단으로 화답하면
혼잣말은 추워서
두 눈을 감고
박제 인간
부서지는 소리를 적어내고

불타는 날개
춤추는 불꽃
박제된 심장만 두근거린다.

꽃

한 번은 꽃으로
두 번은 꽃잎 사연으로
접힌 향기
고운 눈길 물들이면

흩어진 가슴팍
꽃으로 피어나
시퍼런 멍울
초록 잎 미소는 수줍다.

성난 상처

어스름 골목길
코 묻은 딱지 내팽개쳐지듯
태풍이 부순 모래알 눈물처럼
가슴 바다 파도치듯
성난 상처
시퍼렇게 멍든 가슴 버려둔 채로

이른 새벽
찬 이슬처럼
아프고 아프다

무심하게 무뎌진 시간
곱게 아물어진 화난 상처
멀어진 기억되어
그리운 연정이 우쭐댄다.

세상 밖 경계

보이나요
마음을 달랬던 기나긴 여정을

어떡하죠
지나치는 시간이 멈추어지는 것을

오색 대지가 열리고
아직은 흩날리는 기다림

머무름을 덮어버린 기억
마주친 무지개에 죽어나

세상 밖 경계가 시작되는데
살아 있는 풍경은 초록 물결이다.

초록 치마

듣는 이 없는 소식
불편해진 초록에 파묻혀
이별 향기만 날려 보내고

나대는 심장
꽃잎 편지에 적어 가슴에 묻고
봄 얼굴 마중을 떠나려 한다

봄바람 유혹
벗어던진 초록 치마 부끄러워
속내 향기만 짙어간다

상사목

당신 사연들은
나뭇잎 바스락 눈길만큼이나
사랑이 자지러진다

그리움을 목에 두르고
당신의 상처로 치장한
상사목이여

저녁별 수채화
새벽녘 소란스러운 가슴 뒤척임
아픈 인연으로 숨을 내쉰다

달 항아리

가슴 비켜선 바람에 치여
홀딱 벗긴 한숨

하늘의 바다
태양 달 항아리

달 항아리 술독에 빠져
별빛 놀음 맞장구치면

하늘 위 바닷고기 맛보려나
아님 비린내에 취하려나

빈 가슴 숨바꼭질

달그림자 어둠에 끼어
빈 가슴 껴안고
사랑 단추를 채운다

빈 여백
뒤척이는 하루는
숨바꼭질을 해댄다

팽개친 외로움 숨겨놓고
찬장 문고리 붙들어
정화수 들이키면

뒷걸음치는 소망 여운
더듬더듬 빈 가슴 훔쳐내고
사랑 들판 이 자리에 서 있다

그리움 한번

그 사람이 그랬습니다
그리우면 사랑일 거라고

지난 시간이 쌓인 자리에
내가 녹아있어

지나친 사랑
끝끝내 알 수 없었다

혼자 있어
헤어짐이 그리워

그리움 가득
잊지 못함은 사랑일까요

그리움의 깊이만큼
사랑은 아프기만 할까요

멍울

길 잃은 사랑아 울지 마
나 같은 사랑아 울지 마요

희미해진 기억이
지나친 하루를 기다리듯
무심한 눈길
멍울진 가슴만 사무쳐

너와 나 사랑 쓸어안고
심장을 뛰게 한 사람
이별처럼 뒷모습은 싫어요
울고 있는 우리 사랑아 울지 마요

우리들의 지난 이야기
속절없이 지워내는 잊힘
아파도 그리워지면 안 될까요
난 그런 사랑입니다

우리 사랑아 울지 마
나 같은 사랑아 울지 마요

제목 : 멍울
스마트폰으로 QR 코드를 스캔하면
시노래를 감상할 수 있습니다

생명의 입질

내다 버린 그 영혼
흙을 짓밟은 생명
명패를 앞세우고 길을 나선다

생명의 입질
음식은 맛이란 말로
세 치 혀를 농락시킬 순 없어

구멍 난 바람길 사이
길 잘 찾아 들어
빈 몸뚱아리 벗어놓고

못나서 슬픈 세상 아
삭풍 여운 소매를 접고
들숨 여정 올라타면 어떨까

칼끝 혈흔
세상 비늘 비린내
한 줌 눈물은 헛구역질이다

나 홀로 거짓들은
무덤을 잉태하고
생명의 입질은 무상일까

삼이어서 셋

창공을 이고 진 천/天
대지의 한숨 지/地로 버텨내고

시간을 죽인 칠성단

셋은 침묵 중이어서
생명의 하나인 몸부림일 뿐

여백 한 장

시간처럼 도망치고
변명을 벗어나면
삶에서 달아날 수 있을까

여백이 보이면
그것도 자유
돌아온 약속 지켜낼 수 있으려 나

비겁한 눈물
두려움으로 맞닥뜨려
고된 하루 주워 담고

여백 한 장
아픈 눈물로 채울까
차가운 가슴으로 받아낼까

나를 보라
여백의 독백
마지막은 도망자이지 않은가

하루 밥그릇

어떻게 하지 시간을 담은
하루 밥그릇에 세상들이 넘친다

오고 가는 오늘이 넘쳐나면
마주친 시절은 쑥스러운가 보다

주인 없는 빈 그릇에 수저를 담고
나를 매달은 심장만 덜컹대며

불러도 대답 없는 하소연
나를 벗어난 하루가 넘쳐난다

독립기념관 앞 기념관

가증스러운 죄의식에 갇혀 허둥대는
자유를 둘러메고 허덕이다가
빛바랜 청사진을 찍어댄다
대한민국 허세의 종착지
그치들은 민족이라 변명했다

피맺힌 절규를 등에 업고
쇠파리 빨대 꽂은 자들 이여
민족을 짓밟은 그대들은 누구인가?
허세의 정치 양심을 사형시킨
그 이름들은 정녕 누구인가?

독립기념관과 맞바꾼 쓰레기 정치
암울한 밀실 거짓 냄새 진동하고
자유를 죽인 집행자
쓰레기 정치인 정치는 그랬다
그들을 위해 민족은 죽어야 했다

세상에 전하는
또 다른 기념관을 창조해야겠다
부패한 양심으로 터를 잡고
죄인의 죄수복을 입혀
자유를 죽인 정치인 이름으로
만들 어진 기념관 말이다

간판 거는 날은 무식한 혓바닥 쇼
구역질이 토해내는 난장판 쇼
공연으로 무대를 축하하고
각혈의 화환을 목에 건 그치들
그날을 기억하는 기념식을 하자

혈세를 허리춤에 차고
싸구려 양심으로 넘쳐나는 쓰레기
무지의 자유인들은
새벽부터 죄인 쓰레기 청소하느라
세상이 바쁘다

하늘 아래 이쯤에
산과 바다 중간쯤
땅이 되어 흙처럼 살다가
그렇게 살아가는 것이거늘
대지가 될 수 없는 인간쓰레기는 비굴하다

민족을 위한 자유
사람을 위한 평화
인간을 위한 사랑
대지에 우뚝 선 양심
오늘도 세상은 희망처럼 힘들다.

산이 울어 나도 운다

언제부터서인가 내가 걸어온 길
빗물에 흐려진 시간의 흔적 같은
발걸음이 누워 있었다

최고의 오만으로 분칠을 해대고
헉헉대는 심장 얼굴처럼
산이 울어대서 나도 울고 있었다

시간의 장난처럼 울음을 거두고
산처럼 길게 누워
바람에 날리듯 사랑을 씻어내고

헤하고 웃는 오늘을
울게 하는 산
울 수 있는 산을 품을 수 있어 좋다

사랑 연가

잠든 숨소리에서도 나는 알아
피곤한 시간들이었는지
힘이 들었는지

설거지하는 얼굴에서도 들린다
기분이 좋은지
화가 난 건지

걷는 발소리에서도 말하지
마음이 사나운 건지
가슴 벅찬 기쁨인지

말하는 목소리에서도 보여
사랑인지
미움인지 말이야

나는 안다 사랑의 연가
그 사람만 바라보아도
뛰는 심장을 안다

속세 풍악 風樂

아침나절에 손 가락지를 빼고
독을 마셔댄 지난밤 세상은
속세 풍악에 취해 헤롱댄다
시절 꼴리는 대로
혓바닥 짝짓기는 넘쳐나지만

어둠이 무서운 대낮에
하늘바람 휘날리며
눈먼 책장들만 주접을 떨고 있다
상갓집 같은 오늘이 그렇다

거짓을 휘저어댄 입맛으로
홍등 불 아래 시간은 줄을 세우고
불탄 가슴팍을 달래는 몸뚱아리
화려한 유혹의 꿀 젖이 흐르면

세상 젖퉁아리 신음
오아시스 갈증 뒤척이는 엉덩이
현실에 엉킨 실타래
그래, 차라리 불사르는 게 좋겠다

망령은 정신을 살인하고
말과 글은 죽음을 갉아먹는 중이다
웃음들이 소리쳐
세상을 쫓아내는 푸닥거리 중에

속살 비친 속옷을 벗어
반토막 내는
우주법상을 죽인 혓바닥 쇼는
입장권이 돈통을 물어뜯고

오늘도 외박 중인 현실
허상의 침대를 사들이고
씩씩거리는 눈짓으로
형형색색 가운을 고르고 있다

세상을 내세운 그대여
죽음의 나팔수를 사랑하는가?
생명에서 만들어낸 거짓들
가슴 길에서 마주한 적이 있었나!

세상에 시비를 걸어
사기그릇 사약을 마셔대지만
시절 시간은
매 순간 그 자리를 지켜내지

생명은 오늘도 힘들다
이래도 저래도 살아내는 것
저렇게 이렇게 죽어가는 것
붉은 헌혈 한숨만 살아 있다

그대들은 바람을 본 적 있을까?
하늘을 만져본 적이 있나!
죽음길을 걸어본 적이 있었나?
생명을 만난 적이 있느냐 말이다

그대여 세상 눈물을 본 적이 있는가
세상에 기대어 사는 나는 어떻고
사랑이 울어대는
상처를 배웅한 적이 있었는가?

찢어진 거울 사이로
울면서 멀어지는 눈물은
갈길 몰라 상처를 붙들고
지나친 길 위에 버려져 있다

속세 풍악은 바람만 땡땡거리고
침울한 뒷간
시시덕거리는 산송장
그들의 밥상일 뿐이다

칼을 잃어버린 망나니
타락을 뒤집어쓴 그들 말이다
진리와 이치를 탈취당한
죄인들 아닌가?

망상이 만들어낸 허상인 주제에
야바위꾼처럼
값싼 동정심만 둘러메고
세상을 농락한 범죄자들이다

현실 변두리 골목길
누구나 소유권을 주장하는 망상
죽어간 생명도 팔려 왔다
합장하는 손바닥이 아프다

무덤도 없이
말로 죽인 진실은 통곡하고
거짓을 화장시킨 민낯
변명 같은 구속이 죽어

약속은 사망신고로 대신하고
흡혈귀 이빨 자국은 빨간 립스틱
찢어진 몸뚱아리 죽은 나체를
주워 담을 그릇이 없다

미친 세상 주정 속에
나불대며 죽어가는 심장
찢어진 원고를 불태우는 구속
그 세상을 벗어날 권한이 없다

종교적 물음에 답할 이유는 없다
설령 답을 모른다 한들
세상은 생명을 알려 하지 않는다
사람을 외면한 허상의 가면이기 때문이다

그저 웃는 그대가
생명의 세상 주인이기 때문이다
혓바닥 쇼가 끝난 그날
그들은 나를 위한 들러리일 뿐이다

우주법상을 죽인 내 이름
수水의 진리 수리학이 그렇고
이치 철학상 자연이 그렇고
수數의 형상 진리가 그렇지 아니한가?

사랑을 태워 불탄 가슴
사방팔방 삶을 욕해도
나를 위한 우주법상 망령은
아무런 대꾸도 없다.

하루

빨간 입술을 사고 판 허수아비
질퍽거리는 웃음처럼
눈물을 감추고 담배를 피워댄다

뒤뚱거리는 시간이 밉겠지
달력을 찢어버린 숫자
돈 통에 걸려 나자빠진다

장승처럼 놀림당하고
인생 빚 술 냄새에 찌든
하얀 눈물을 닦아준다

먼발치 아픈 걸음으로
하루를 내려놓고
먹고사는 밥상이 차려지면

사랑을 푸닥거리며
이별 박람회 초대장을 사고
하루 유혹에 기대어 오늘이 온다

이별 같은 작별

사랑과 이별은 그러했습니다
어긋난 재판 망치처럼
분하고 아플 거라고 적었습니다

하지만 작별을 사랑한
춘 3월은 아름다웠습니다
사랑의 이별은 침묵 중이지만

포개진 입술 향기 한 잔으로
따뜻한 미소 입에 물고
발길 돌아서고 있습니다

덧난 상처
빈 가슴을 채우면서
이별 사랑은 그렇게 살아냈습니다

영혼 도마

칼 도마 속세를 자르고
번득이는 목어 비늘을 벗겨내면
향초 눈물바다 춤을 추고

인적은 달아나
묻어둔 생명만 살아올라
영혼 사진 위를 기어다닌다

망상은 흐려져
희뿌연 가슴 가루로
새벽 소리를 만나러 가야지

망령을 깨운 시간
잔기침을 토해내고
청정 무지개를 먹어 치운다

목어는 울어대고
산책길에 마주친
풍경소리는 아프다 소리치지만

토라진 망령
붉은 장삼 깔고 앉아
새벽녘 하품 소리만 듣고 있다

도마 위 잠든 망령
단추 속 심장을 숨긴 채
조각난 육신만 죽어가는 중이다

이런 날이면 어때
설렘처럼 세상을 싸 들고
영혼 산책길을 나서야지

사랑 무게

하루 무게를 알 수 없다
눈치 없는 세상처럼
사랑이라면 알 수 있을까

그렇지
가슴을 묻은 약속처럼
헤픈 웃음들은

수줍음을 벗겨내고
멈춰 선 시간처럼
그리움으로 살아볼까

그래요
아파했던 별 숫자만큼이나
사랑의 무게를 견뎌내야지

꿈꾸는 지옥

아서라
지옥 별 축제 약 올라
서러운 내일 천국이 쏟아져 내린다

천국에 찔린 상처들은
망나니 장단으로
세상을 훔친 축제를 팔아댄다

하얀 눈물 거짓말을 추켜세워
화장발을 내걸고
저만치 울고 있는 세상을 가둔다

죽은 침묵을 삼켜
비천한 삶을 그려내면
천국을 버린 지옥이 살아나려나

화장하는 사랑

입 삐쭉거리는 흉내 내면서
나도 몰래
나비춤 짓을 훔쳤다

심장은 넘실대고
달님 기침으로
사랑을 화장한다

혼기를 앞세운 북소리
버선발 옷고름은 화장을 고치고
담벼락을 타고 넘어갔다

사랑 님 발자국 소리는
연정 계절을 불태우고 나면
화장을 지운 달빛 눈물인가요

세상 문상

문상 길가에 만난 세상은
한숨만큼 울어대
세월 소리 사그락거려
악어 눈물만 입맛을 다신다

근조 글쎄요
봉분 마르기 전
몇 번은 무덤에서 외출하는 인생
계절 시샘하듯 그렇지요

현실을 먹고 산 인생 죽음
끝나지 않은 죽은 생명들은
오늘 같은 넋두리를 팽개치고
나머지 몫은 칼날을 세우겠지

오작교 무지개를 건너
살았던 죽음을 위해
내 이름을 위하여 꽃단장 마치고
함께한 나를 꺼내본다

이른 새벽 분장질

여인을 사모한 어미 손길로
속세에 취한 채 새벽이 왔다

당신을 붙들어 매고
슬픈 분장으로 너울대면

시린 마음 감싸 쥐면
그대만 있고

당신 안과 밖엔 벽이 없는가 보다
이른 새벽 분장실이 바쁘다

아침 우체통

발길 닿는 대로
아침 사연 적어놓고

심장을 접어 또 접어서
아침 우체통을 만난다

받는 이 없어
맨 하늘에 사연들이 흩어진다

뒤돌아 마주친 손길
무심한 가슴 서운할 뿐이에요

할머니 지갑

할머니 지갑
엄마의 어머니를 가두어 놓고
열리지 않는 자크
한숨들은 앞다투어
사진 속 얼굴만 살이 있다

새벽 잔기침
오늘이 살아 숨 쉬는 지갑
숨어 살아내는 한숨
아픈 가슴 바둥거리듯
어머니 지갑이 골방을 지켜

구부러진 손마디
우두둑거리는 가슴이 움츠린다
열어보고 또다시 닫고
닳아빠진 무게만큼
심장을 끄집어낸다

눈물이 잠들어 있는 할머니 지갑
지갑 속에 무엇이 살까
말 못 할 사연 주렁주렁 매달고
바스락거린다

쪽지는 백발 윤기를 삼켜내고
정화수를 퍼 나르고 있다
백치의 청춘처럼
눈물은 말라비틀어져
해맑기만 하다

살 태운 사랑 불 꺼안고
삶의 정거장이 기다리는 세월 속에
무엇을 찾았을까요
무엇이 보이기나 했을까요
찾는 것이 무엇인지 알았을까요

시린 바람 싸늘한 체취
감당할 수 없어
무심한 할머니 지갑
갈 길 잃은 그곳은 어디일까
길을 나섰던 모습만 허전해

알 수 없어요
사랑 값을 채운 낡은 지갑
할머니 지갑
할머니 몸과 마음을 대신하고
심장을 아프게 한 할머니 빈 지갑

초록 칼날
a green blade

김노경 제4시집

2025년 7월 4일 초판 1쇄
2025년 7월 7일 발행
지 은 이 : 김노경
펴 낸 이 : 김락호
디자인 편집 : 이은희
기 획 : 시사랑음악사랑
연 락 처 : 1899-1341
홈페이지 주소 : www.poemmusic.net
E-Mail : poemarts@hanmail.net

정가 : 12,000원
ISBN : 979-11-6284-596-7

저작권자와 맺은 특약에 따라 검인은 생략합니다.
잘못된 책은 교환해 드립니다.

이 책은 한국예술인복지재단의 창작지원금 선정으로 발간한 책입니다.